BRENDA FRANKE

**collection avec 200 m**

# j'invite mes amis

illustrations de
Michel Charrier

**avec 200 mots**

Maquette couverture et intérieur : Jehanne-Marie Husson

© Bordas, Paris, 1987 pour le texte et les illustrations
ISBN 2-04-016819-2
Dépôt légal : mai 1987

Achevé d'imprimer en avril 1987 par :
Imprimerie H. PROOST, Turnhout, Belgique

Mercredi c'est mon anniversaire

# Avec mes amis, je vais au supermarché faire les courses.

| | | |
|---|---|---|
| ananas | framboise | miel |
| berlingot | fromage | orangeade |
| beurre | gaufrette | pain |
| citron | gobelet | pamplemousse |
| confetti | grenadine | pêche (une) |
| drapeau | jambon | sac |
| fraise | limonade | sucre |

Retrouve les mots dans l'image
mais attention
il y en a un qui n'est pas dessiné.

*(nvǝdvɹp)*

# Nous allons tous nous déguiser.

| | | |
|---|---|---|
| abat-jour | dessin | pirate |
| accroc | épée | plume |
| armoire | fée | poupée |
| casquette | guignol | poussette |
| chapeau | jupe | robe |
| chat | ours | stylo |
| corbeille | pantalon | tabouret |

Retrouve les mots dans l'image
mais attention
il y en a un qui n'est pas dessiné.

*(armoire)*

# Isabelle aide les garçons pour la préparation du goûter.

| | | |
|---|---|---|
| ail | lunettes | presse-citron |
| amande | miette | réfrigérateur |
| assiette | moule (un) | saladier |
| couteau | œuf | salière |
| crème | pépin | soucoupe |
| cuillère | planche | tablier |
| farine | praline | tasse |

Retrouve les mots dans l'image
mais attention
il y en a un qui n'est pas dessiné.

*(lunettes)*

# La fête aura lieu dans le jardin.
# Pourvu qu'il ne pleuve pas !

| | | |
|---|---|---|
| anneau | nappe | poteau |
| arbre | parasol | sculpture |
| balançoire | pelouse | surprise |
| branche | pomme | table |
| feuillage | pommier | tente |
| hamac | porte | tondeuse |
| jet | portique | trapèze |

Retrouve les mots dans l'image
mais attention
il y en a un qui n'est pas dessiné.

(porte)

# Comme toujours, Bruno arrive le dernier avec sa maman.

| | | |
|---|---|---|
| allée | cadeau | gravier |
| arbuste | cassette | grillage |
| arc | chien | haie |
| baiser | collier | hérisson |
| ballon | dame | patin |
| bateau | dindon | portail |
| bouquet | enveloppe | taupe |

Retrouve les mots dans l'image
mais attention
il y en a un qui n'est pas dessiné.

*(dindon)*

# Le chien aussi est de la fête.

| | | |
|---|---|---|
| barque | cruche | sandwich |
| biscuit | flan | serviette |
| bol | fruit | sirop |
| carafe | glaçon | soda |
| chocolat | meringue | sucette |
| citronnade | nougat | trognon |
| crêpe | pâtée | verre |

Retrouve les mots dans l'image
mais attention
il y en a un qui n'est pas dessiné.

(barque)

# La fête bat son plein.
## Personne ne regarde la télévision.

balle

danseuse

indien

bicyclette

disque

lézard

bille

domino

livre

colin-maillard

élastique

marelle

corde

électrophone

ping-pong

cow-boy

escalier

téléviseur

danseur

fenêtre

terrasse

Retrouve les mots dans l'image
mais attention
il y en a un qui n'est pas dessiné.

*(domino)*

# Il pleut.
# Nous allons tous visiter le grenier.

| | | |
|---|---|---|
| ampoule | fantôme | sapin |
| antenne | gouttière | souris |
| arrosoir | nuage | tapis |
| boîte | pelle | toit |
| cage | pluie | train |
| cheval | quille | trottinette |
| échelle | râteau | tuile |

Retrouve les mots dans l'image
mais attention
il y en a un qui n'est pas dessiné.

*(râteau)*

# L'herbe n'est pas trop mouillée. Le spectacle peut commencer.

chanteuse

ciel

clown

dompteur

fleur

glace

hirondelle

jongleur

lapin

lion

mouton

niche

perchoir

perroquet

photo

photographe

prestidigitateur

rideau

soleil

sonnette

tortue

Retrouve les mots dans l'image
mais attention
il y en a un qui n'est pas dessiné.

*(mouton)*

# Il faut tout ranger maintenant.
# A l'année prochaine !

| | | |
|---|---|---|
| capsule | mur | serpentin |
| coccinelle | ouvre-boîtes | store |
| confiture | pelure | sucrier |
| eau | poche | terre |
| feu | porte | tranche |
| lampion | poubelle | tresse |
| loup | pull-over | vaisselle |

Retrouve les mots dans l'image
mais attention
il y en a un qui n'est pas dessiné.

*(loup)*

# mes 200 mots

1 abat-jour
2 accroc
3 ail
4 allée
5 amande
6 ampoule
7 ananas
8 anneau
9 antenne
10 arbre
11 arbuste
12 arc
13 arrosoir
14 assiette
15 baiser
16 balançoire
17 balle
18 ballon
19 bateau
20 berlingot
21 beurre
22 bicyclette
23 bille
24 biscuit
25 boîte
26 bol
27 bouquet
28 branche
29 cadeau
30 cage
31 capsule
32 carafe
33 casquette
34 cassette
35 chanteuse
36 chapeau
37 chat
38 cheval
39 chien
40 chocolat
41 ciel
42 citron
43 citronnade
44 clown
45 coccinelle
46 colin-maillard
47 collier
48 confetti
49 confiture
50 corbeille
51 corde

| | | |
|---|---|---|
| 52 couteau | 69 épée | 86 gobelet |
| 53 cow-boy | 70 escalier | 87 gouttière |
| 54 crème | 71 fantôme | 88 gravier |
| 55 crêpe | 72 farine | 89 grenadine |
| 56 cruche | 73 fée | 90 grillage |
| 57 cuillère | 74 fenêtre | 91 guignol |
| 58 dame | 75 feu | 92 haie |
| 59 danseur | 76 feuillage | 93 hamac |
| 60 danseuse | 77 flan | 94 hérisson |
| 61 dessin | 78 fleur | 95 hirondelle |
| 62 disque | 79 fraise | 96 indien |
| 63 dompteur | 80 framboise | 97 jambon |
| 64 eau | 81 fromage | 98 jet |
| 65 échelle | 82 fruit | 99 jongleur |
| 66 élastique | 83 gaufrette | 100 jupe |
| 67 électrophone | 84 glace | 101 lampion |
| 68 enveloppe | 85 glaçon | 102 lapin |

| | | |
|---|---|---|
| 103 lézard | 120 ouvre-boîtes | 137 pirate |
| 104 limonade | 121 pain | 138 planche |
| 105 lion | 122 pamplemousse | 139 pluie |
| 106 livre | 123 pantalon | 140 plume |
| 107 marelle | 124 parasol | 141 poche |
| 108 meringue | 125 pâtée | 142 pomme |
| 109 miel | 126 patin | 143 pommier |
| 110 miette | 127 pêche (une) | 144 portail |
| 111 moule (un) | 128 pelle | 145 porte |
| 112 mur | 129 pelouse | 146 portique |
| 113 nappe | 130 pelure | 147 poteau |
| 114 niche | 131 pépin | 148 poubelle |
| 115 nougat | 132 perchoir | 149 poupée |
| 116 nuage | 133 perroquet | 150 poussette |
| 117 œuf | 134 photo | 151 praline |
| 118 orangeade | 135 photographe | 152 presse-citron |
| 119 ours | 136 ping-pong | 153 prestidigitateur |

154 pull-over
155 quille
156 réfrigérateur
157 rideau
158 robe
159 sac
160 saladier
161 salière
162 sandwich
163 sapin
164 sculpture
165 serpentin
166 serviette
167 sirop
168 soda
169 soleil
170 sonnette

171 soucoupe
172 souris
173 store
174 stylo
175 sucette
176 sucre
177 sucrier
178 surprise
179 table
180 tablier
181 tabouret
182 tapis
183 tasse
184 taupe
185 téléviseur
186 tente
187 terrasse

188 terre
189 toit
190 tondeuse
191 tortue
192 train
193 tranche
194 trapèze
195 tresse
196 trognon
197 trottinette
198 tuile
199 vaisselle
200 verre

PRINTED IN BELGIUM BY

**proost**

INTERNATIONAL BOOK PRODUCTION